Analyse de l'œuvre

Par Raphaëlle O'Brien
et Pauline Coullet

Caligula

d'Albert Camus

lePetitLittéraire.fr

Analyse de l'œuvre

Par Raphaëlle O'Brien
et Pauline Coullet

Caligula

d'Albert Camus

lePetitLittéraire.fr

Rendez-vous sur lepetitlitteraire.fr et découvrez :

Plus de 1200 analyses
Claires et synthétiques
Téléchargeables en 30 secondes
À imprimer chez soi

ALBERT CAMUS

ÉCRIVAIN, DRAMATURGE, ESSAYISTE ET PHILOSOPHE FRANÇAIS

- **Né en 1913 à Mondovi (Algérie)**
- **Décédé en 1960 à Villeblevin (Yonne, France)**
- **Quelques-unes de ses œuvres :**
  - *L'Étranger* (1942), roman
  - *Le Mythe de Sisyphe* (1942), essai
  - *La Peste* (1947), roman

Français né en Algérie, Albert Camus n'a pas connu son père et a passé son enfance avec sa mère à Alger. Bien que sa tuberculose complique considérablement sa carrière universitaire, il obtiendra une licence de philosophie. Il entame ensuite une carrière de journaliste engagé (il intègre le parti communiste et travaille pour le quotidien *Alger-Républicain*), avant de partir pour Paris. Lorsque la Seconde Guerre mondiale (1939-1945) éclate, il intègre un mouvement de résistance à Paris et rencontre Jean-Paul Sartre (écrivain et philosophe français, 1905-1980), avec lequel il se lie d'amitié. À la Libération, il devient rédacteur en chef du journal résistant *Combat*, où travaille aussi Sartre.

Tout au long de sa vie, Albert Camus élabore une philosophie existentialiste de l'absurde, qui résulte du constat de l'absence de sens à la vie. Il met à profit son talent d'écrivain pour diffuser sa philosophie en publiant des romans, des essais et des pièces de théâtre. Largement admiré, parfois critiqué, Camus a trouvé un écho considérable dans le monde entier avec des œuvres comme *L'Étranger* et *La Peste*.

Il obtient le prix Nobel de littérature en 1957 « pour l'ensemble d'une œuvre qui met en lumière, avec un sérieux pénétrant les problèmes qui se posent de nos jours à la conscience des hommes » (Académie suédoise du prix Nobel). Il mourra trois ans plus tard dans un accident de voiture.

CALIGULA

CALIGULA OU L'ABSURDITÉ DE LA VIE

- **Genre :** théâtre de l'absurde
- **Édition de référence :** *Caligula*, suivi de *Le Malentendu*, Paris, Gallimard, coll. « Folio », 1972, 255 p.
- **1ʳᵉ édition :** 1944
- **Thématiques :** absurde, pouvoir, recherche de l'impossible, destruction, mort, lâcheté

Écrit dès 1938 mais publié seulement en 1944, *Caligula* a été joué pour la première fois en 1945, au théâtre Hébertot. Il s'agit d'une pièce destinée à mettre en évidence la philosophie de l'absurde de Camus. Elle fait partie du cycle de l'absurde, aux côtés du *Mythe de Sisyphe*, de *L'Étranger* et du *Malentendu* (pièce de théâtre, 1944) ; ce cycle précède celui de la révolte.

Caligula, autrefois empereur parfait, scrupuleux et raisonnable, perd sa sœur tendrement aimée, et découvre que les hommes sont mortels et ne sont pas heureux. La vie, à laquelle pourtant chacun s'accroche, n'a pas de sens. Dès lors, il s'affranchit de toute règle pour tenter d'atteindre l'impossible, quelque chose qui n'est pas de ce monde. En se montrant, à l'image des dieux, insensible, immoral et cruel, il espère inciter les hommes à se libérer des mensonges sur lesquels ils assoient leur existence.

RÉSUMÉ

Le jeune et bon empereur Caligula réalise, à la mort de sa sœur et amante Drusilla, que la vie n'a pas de sens et que toutes les valeurs et les croyances sont inutiles. Il décide alors de partir en quête de l'impossible : il veut posséder la lune et s'octroie le droit de vie et de mort sur ses sujets, à la manière d'un dieu. Les mesures absurdes et cruelles qu'il prend le mèneront à sa perte.

L'ANNONCE D'UN GRAND BOULEVERSEMENT

À Rome, les patriciens (ceux qui appartiennent, par leur naissance, à la classe sociale la plus élevée) sont en émoi. Leur empereur Caligula a en effet disparu lorsqu'il a appris la mort de sa sœur et amante Drusilla. Alors qu'ils se demandent s'il faut remplacer ce bon et juste empereur, on annonce le retour de Caligula. Celui-ci est métamorphosé : la mort de son amante a changé sa vision des choses.

Arrivent Scipion père, Cæsonia, sa « vieille maîtresse » (p. 30), qu'il fréquente toujours et qui lui est dévouée, et l'intendant. L'empereur semble être mécontent de les voir. L'intendant lui demande de s'occuper des questions du trésor public : ces dernières importent peu à Caligula. Il déclare alors qu'il va « bouleverser l'économie politique en deux temps » (p. 33). Il annonce tout d'abord que tous les Romains fortunés devront déshériter leurs enfants en faveur de l'État et poursuit en disant que, dans un second temps, ils seront exécutés un à un, selon une liste arbitraire. Caligula explique en effet qu'il vaut mieux gouverner franchement et voler directement le peuple, plutôt que de se cacher derrière les taxes. Puisque le trésor a de l'importance, alors la vie humaine n'en a pas.

À Scipion père et Cæsonia, tous deux atterrés, Caligula explique qu'à partir de maintenant, sa liberté n'a plus de limites. Il est d'ailleurs le seul homme libre dans tout l'empire, et veut donc, par ce projet, enseigner la liberté aux hommes. Caligula repousse ceux qui veulent l'approcher, parce qu'il a compris que l'amour et l'amitié n'étaient rien. Il accuse Cherea d'être un littérateur hypocrite. Il expose à Cæsonia son dégout de la vie et son projet d'organiser « une fête sans mesure, [...] un procès général » (p. 42). Il la contraint à l'aider. Son air dément effraie tous les citoyens.

DES VELLÉITÉS DE RÉVOLTE

Trois ans se sont écoulés depuis la mort de Drusilla. Caligula accable les patriciens de ses caprices. Il confisque les biens selon ses envies, prostitue les femmes des patriciens et va même jusqu'à tuer Scipion père. Il se sert de son pouvoir sans limites, allant jusqu'à nier les hommes et le monde. Bien que les patriciens aient la volonté de se rebeller, Cherea les en dissuade car l'empereur est encore trop puissant pour être attaqué de front. Alors qu'un banquet s'organise, Caligula humilie les patriciens présents et se montre très cruel. Il en profite pour exposer ses projets : il veut organiser une famine, exécuter encore des citoyens et récompenser les clients de sa maison publique (maison de prostitution). Après son discours, il voit un patricien boire une potion : alors que ce dernier explique que c'est pour soigner son asthme, Caligula ne le croit pas et décrète qu'il s'agit d'un contrepoison. Le patricien est donc accusé d'avoir cru que Caligula voulait l'empoisonner, mais aussi d'avoir tenté de se révolter en buvant une potion. Il meurt peu de temps après empoisonné tandis que Caligula quitte la table. En évacuant le cadavre sur les ordres de Cæsonia, Lepidus et Cherea décident qu'il est temps de passer à l'action et de ne plus se laisser faire.

Cæsonia intercepte le jeune Scipion qui lui dit vouloir tuer Caligula parce que celui-ci a mis son père à mort. Elle lui rétorque qu'il faut essayer de comprendre Caligula et sort sans plus d'explication, laissant le jeune homme désemparé. Hélicon, à qui Scipion fils demande de l'aide, répond quant à lui que Caligula ne verrait pas d'un mauvais œil d'être tué par lui, et de la même façon, sort sans s'expliquer.

Caligula revient. Il sait Scipion épris de poésie et lui demande de lui réciter un de ses derniers vers. Ce dernier obéit et découvre que l'empereur les connait aussi : celui-ci explique que c'est sans doute parce qu'ils aiment les mêmes vérités. Mais il se met ensuite à le railler : lorsque Scipion lui dit qu'il se moque parce qu'il souffre de la solitude, Caligula se lance dans une tirade désespérée sur son dégout du monde. Scipion est alors attristé par l'empereur.

Les patriciens assistent à une représentation théâtrale. Cæsonia leur fait réciter des prières à Caligula, déguisé en Vénus grotesque. Ils sont ensuite renvoyés par l'empereur. Tous obéissent, sauf Scipion. Celui-ci reproche à Caligula de blasphémer en se prenant pour la déesse Vénus, mais l'empereur lui dit qu'il égale les dieux, car il est aussi cruel qu'eux : « J'ai pris le visage bête et incompréhensible des dieux. » (p. 96-97) Ses actions sont aussi incompréhensibles que le destin. Scipion le met en garde : des « légions de dieux humains » se lèveront bientôt contre lui pour le faire déchoir. Caligula dit en rêver.

Scipion sort, et Hélicon arrive : il essaie d'informer son maitre du complot fomenté par Cherea, mais Caligula s'en doute depuis longtemps. Cela semble ne pas le toucher – s'il se moque de mettre à mort les hommes, c'est qu'il se moque de sa propre mort. Il veut surtout qu'Hélicon lui procure la lune, puisque cela représente l'impossible, et que le but de son règne est de rendre possible l'impossible.

Caligula envoie chercher Cherea. Ce dernier admet qu'il veut tuer Caligula parce qu'il le juge nuisible : l'empereur l'incite dès lors à aller jusqu'au bout de son projet.

L'ÉCHEC ET LA MORT DE CALIGULA

Cherea presse Scipion pour qu'il rejoigne la conspiration contre Caligula, mais le poète ne donne pas de réponse, car il constate que « la même flamme [leur] brûle le cœur » (p. 118). Selon Cherea, l'empereur a rendu Scipion désespéré comme lui. Peu après, les patriciens préviennent Cherea que les gardes, qui ont découvert la conspiration, sont venus empêcher le meurtre de l'empereur. Arrivent alors Hélicon et Cæsonia ainsi que Caligula déguisé en danseuse, qui effectue quelques pas avant de s'éclipser. Les patriciens sont alors forcés de féliciter cette danse grotesque. Puis, d'autres patriciens arrivent, mandés par Caligula. Cæsonia annonce alors que Caligula est mourant. Les patriciens se désolent hypocritement, et l'un d'eux, Cassius, dit vouloir donner sa vie pour l'empereur. Lequel, surgissant inopinément, le prend au mot : il le fait emmener par les gardes pour être exécuté. Après cette mascarade, il sort et envoie Cæsonia faire croire qu'il est mort, pour réapparaitre juste après, fier de son mauvais tour.

Quelques minutes plus tard, il convoque tous les poètes pour participer à une composition improvisée sur un sujet donné. Ce concours de poésie, sur le thème de la mort, voit l'éviction rapide de tous les poètes, à l'exception de Scipion. Celui-ci comprend qu'il est semblable à Caligula car il est aussi désespéré que lui et décide de s'exiler. Cherea déclare à un patricien que le moment est venu.

Pendant ce temps, Caligula et Cæsonia s'entretiennent : Caligula lui dit avoir atteint le bonheur dans l'« universel mépris », la « logique implacable qui broie des vies humaines » (p. 148). Il explique que tout Rome s'est trompé : il n'est pas devenu fou à cause de l'amour qu'il portait à Drusilla, car il n'est pas capable d'amour. La vraie souffrance, c'est de s'apercevoir que rien ne dure, et que « même la douleur est privée de sens » (*ibid.*). Il étrangle alors Cæsonia, car il est temps pour elle de mourir mais aussi pour qu'il puisse enfin accéder à la solitude éternelle.

Il constate alors l'échec de sa quête de l'impossible : il n'aura jamais la lune. Il a voulu pousser les limites de sa liberté, en vain. Il comprend que sa liberté n'était pas la bonne. Les conjurés entrent ensuite et poignardent Hélicon avant de tuer Caligula, qui meurt en s'exclamant : « Je suis encore vivant ! » (p. 150)

ÉTUDE DES PERSONNAGES

CALIGULA

Caligula a 26 ans lorsque débute la pièce. Les autres personnages dressent le portrait, avant sa métamorphose, d'un homme soucieux d'incarner sa fonction avec dignité. Cherea met ainsi en exergue la perfection de l'empereur. Un autre patricien le confirme : il était « scrupuleux et sans expérience » (p. 18-19). Porté à l'indulgence par l'amitié qu'il lui porte, Scipion père met en avant que, selon Caligula, « la vie n'est pas facile » malgré l'art et l'amour et que ce dernier cherchait à « être un homme juste. » (p. 30) Quant à Hélicon, que son existence difficile a doté d'une grande lucidité, il voit en lui « un idéaliste » (p. 29).

Pourtant, la mort de son amante Drusilla l'amène à découvrir que le monde tel qu'il est n'est pas supportable : « Les hommes meurent et ils ne sont pas heureux. » (p. 27) Il découvre que rien ne dure dans la vie et qu'il n'y a donc de sens nulle part, pas même dans la douleur. Aussi va-t-il chercher à « donne[r] ses chances à l'impossible » et à être un homme totalement libre (p. 36). Il s'affranchit donc de toutes les règles et prend le « visage bête et incompréhensible des dieux » (p. 96-97), se montrant aussi cruel, immoral et insensible aux douleurs humaines qu'eux. Il souhaite de cette manière libérer les hommes des illusions dans lesquelles ils vivent, en les forçant à réfléchir sur leur propre liberté et à questionner leurs valeurs. « Je suis le seul artiste que Rome ait connu [...] qui mette en accord sa pensée et ses actes », déclare-t-il (p. 137).

Mais au terme de trois années, bien qu'il constate qu'il est « encore plus libre qu'il y a des années, libéré qu'[il est] du souvenir et de l'illusion » (p. 147), il prend conscience qu'il a échoué : non seulement les hommes n'ont pas abandonné leurs valeurs, mais, lorsqu'il sent sa mort approcher, il se découvre la même lâcheté dans l'âme que les autres hommes. Allié à une vision du monde perçu comme absurde, ce constat d'échec – « Je n'ai pas pris la voie qu'il fallait, je n'aboutis à rien » (p. 149) – l'amène à accueillir son assassinat sans rébellion, à y voir même une dernière occasion de vivre.

LES FIDÈLES

Cæsonia

Cæsonia se présente elle-même comme « la vieille maîtresse » (p. 30) et répètera, à la fin de la pièce, qu'elle est « vieille et près d'être laide » (p. 144). Très inquiète de la disparition de Caligula, elle l'accueille à son retour tel qu'il est devenu et accepte de l'aider, après s'être efforcée de le comprendre. Elle le soutient face aux patriciens et supplie Scipion de comprendre Caligula comme elle a réussi à le faire. Elle l'accompagne ainsi tout au long de la pièce.

Son amour pour lui est tellement pur qu'elle ne formule plus la moindre exigence de réciprocité : « Le souci que j'ai de toi m'a fait maintenant une telle âme, lui dit-elle, qu'il n'importe plus que tu ne m'aimes pas. » (p. 144-145) Caligula déclare que son amour pour Drusilla n'aurait pas résisté à sa vieillesse, et la décrépitude de Cæsonia le confirme dans cette opinion, même s'il ne peut se « défendre d'une sorte de

tendresse honteuse pour la vieille femme qu'[elle va] être »
(p. 145). Cette réaction permet ainsi d'éliminer l'idée selon
laquelle Caligula agirait par désespoir amoureux : ce n'est
pas à cause de son amour perdu qu'il a agi ainsi, puisqu'il
ne s'imagine pas vieillir avec une compagne. Il est devenu ce
qu'il est parce qu'il a réalisé que la vie était absurde. Il finit
par tuer Cæsonia, qui se débat à peine, pour réaffirmer une
dernière fois son crédo : « Je vis, je tue, j'exerce le pouvoir
délirant du créateur [...] C'est cela, être heureux. » (p. 148)
Il repousse les limites de sa liberté en agissant comme
Dieu tout puissant. Or les dieux sont incompréhensibles et
cruels. Son acte consiste en une amère manière de réaffirmer sa liberté.

Hélicon

Hélicon est le fidèle domestique de Caligula. « Né esclave »
(p. 126), il a été affranchi par l'empereur. À la différence des
patriciens, il a connu une vie rude et ne se fait guère d'illusions sur l'existence. Il incarne de ce fait à la fois la haine des
pauvres envers les nantis et la fidélité des classes inférieures
envers les despotes qui s'appuient sur eux. Il déclare ainsi à
Cherea qu'« il peut encore aimer ce maitre misérable qu'il
défendra contre [les] nobles mensonges [des patriciens],
[leurs] bouches parjures » (p. 127).

LES OPPOSANTS

Cherea

Cherea est la figure de l'intellectuel. Bien qu'il soit lié aux
patriciens en raison du péril que Caligula fait courir à sa

vision du monde (un monde mené par la raison et la quête du bonheur), il demeure au-dessus de ce groupe dont la vision des choses se limite aux intérêts personnels des uns et des autres. Il souhaite par-dessus tout « qu'on [le] laisse à [s]es livres » (p. 22). Ce propos trahit un certain mépris des autres hommes, à l'égard desquels il nourrit un indéniable sentiment de supériorité. Avant sa transformation, Caligula lui semblait parfait parce que « sans expérience » (p. 19), autrement dit manipulable. Ainsi dit-il apprécier les empereurs qui « ont eu le bon goût de rester des fonctionnaires » (p. 21). Mais avec son nouveau regard sur la réalité, Caligula le prive de sa position éminente. Cherea veut donc tuer l'empereur pour « retrouver la paix dans un monde à nouveau cohérent » (p. 52). Il est sage et malin : il ne se laisse pas prendre aux pièges de Caligula. Il respecte aussi l'empereur et, bien qu'il veuille l'arrêter, Cherea le comprend. Il lui annoncera d'ailleurs son désir de le tuer, ce que Caligula acceptera avec admiration.

Les Scipion

C'est tout d'abord Scipion père qui apparait dans l'acte I. Il apprécie le Caligula d'avant, autant pour les valeurs qu'il lui prêtait (la religion, l'art, l'amour) que pour ses bienfaits : « Je l'aime, explique-t-il à Cæsoni. Il était bon pour moi. » (p. 30) L'amitié, comme l'amour, étant une illusion selon le nouveau Caligula, Scipion père est bien vite mis à mort.

À partir de l'acte II, c'est donc son fils qui prend le relais. Celui-ci, qui était auparavant également l'ami de Caligula, est maintenant empli de haine et désireux de le tuer : « Ce que j'ai de meilleur en moi, c'est ma haine », dit-il (p. 74).

Mais sa confrontation avec l'empereur n'aura pas l'effet escompté. Le jeune Scipion, épris de poésie, découvre chez Caligula la même soif d'absolu que chez lui. « Nous aimons les mêmes vérités », lui dira Caligula (p. 80), avant d'ajouter : « Tu es pur dans le bien, comme je suis pur dans le mal. » (p. 80-81) D'ailleurs, progressivement, le jeune Scipion en viendra à comprendre la logique désespérée de l'empereur, qui s'étonnera qu'un être aussi jeune que lui « conna[isse] les vraies leçons de la mort » (p. 139). Scipion, ayant perdu son père, comprend maintenant le désarroi dans lequel se retrouve Caligula : lui aussi a réalisé que rien ne dure et rien n'a de sens. Cette révélation l'empêchera de prendre part à l'assassinat de Caligula, car, s'il ne les approuve pas, Scipion comprend les actes de l'empereur. Il n'a d'autre solution que de s'exiler à la fin de la pièce.

LES PATRICIENS

Les patriciens constituent la principale cible de Caligula. Dans la première scène de l'acte II, ils attribuent à l'empereur des qualificatifs qui, ironiquement, les caractérisent eux : « lâche », « cynique », « comédien » et « impuissant » (p. 48-49). De fait, ce sont des êtres craintifs, soucieux de maintenir le confort de leur existence, sans s'appesantir sur les compromissions et les mensonges que cela suppose. Ils n'hésitent pas à mentir et à flatter Caligula pour assurer leur survie, ce dont ce dernier a conscience. Ils ont, selon Hélicon, « l'odeur fade de ceux qui n'ont jamais rien souffert ni risqué » (p. 126), dissimulant leur égoïsme et leur lâcheté derrière de grands alibis vertueux. Ils refusent de remettre en cause leur mode de vie et leurs valeurs, et donc de réfléchir sur leur existence. Cherea, dans toute sa sagesse, leur dira, à la fin de la pièce, que les actes fous de Caligula auront au moins eu le mérite de les faire tous réfléchir. Mais cela ne suffit pas : ils « mour[ront] dans l'effroi, ricane Hélicon, sans même savoir qu'[ils ont] menti toute [leur] vie » (p. 126).

CLÉS DE LECTURE

LA SOURCE HISTORIQUE

Camus s'est fondé sur un personnage historique pour la rédaction de sa pièce. L'empereur Caligula (12-41) a en effet gouverné de 37 à 41 après Jésus-Christ. Son règne, majoritairement décrit par l'historien latin Suétone (vers 70–122) dans son livre *Vie des douze Césars* (121), est reconnu pour ses dérives tyranniques et folles, à tel point qu'il en est devenu un véritable mythe : Caligula, avant Camus, était déjà perçu comme le parangon de la folie et du pouvoir.

Tout comme l'auteur le laisse entendre au début de son livre, l'empereur Caligula était, dans un premier temps, véritablement apprécié par son peuple. Il succédait à Tibère (42 av. J.-C.-37 apr. J.-C.), dénoncé à l'époque comme un empereur débauché et tyrannique. Il était donc comparé à lui de manière favorable et était considéré comme un empereur bon et juste. Pourtant, son règne bascule très vite dans la démesure : Suétone explique en effet que, six mois après son arrivée au pouvoir, l'empereur a été touché par une grave maladie qui l'aurait fait sombrer dans la folie. Certains historiens affirment, quant à eux, qu'il était déjà psychologiquement fragile avant son avènement, et que le gout du pouvoir lui serait monté à la tête, le rendant mégalomane et tyrannique. Il se fera assassiner par ses soldats quelques années plus tard, en criant, comme dans la pièce de Camus, qu'il est encore vivant.

Historiquement, la relation incestueuse de l'empereur et

Drusilla serait donc une conséquence de sa folie : c'est après avoir basculé dans la démence que l'empereur est tombé amoureux de sa sœur. Camus, à l'inverse, fait du décès de Drusilla la cause de la dérive tyrannique de Caligula : la mort de sa sœur entraine la prise de conscience terrible de l'absurdité de l'existence. Ainsi, l'auteur rejette la théorie de la maladie mentale pour mettre en avant la responsabilité de Caligula : ce n'est pas en perdant la tête mais plutôt à cause de sa lucidité que celui-ci est devenu cruel et tyrannique. L'auteur utilise donc l'histoire de Caligula pour démontrer sa propre vision de l'absurde telle qu'il la décrite dans *Le Mythe de Sisyphe* : un beau jour, l'être humain prend conscience que la vie n'a pas de sens. Face à ce constat terrible, celui-ci refuse le suicide et encourage à la révolte : « Je tire ainsi de l'absurde trois conséquences qui sont ma révolte, ma liberté et ma passion. Par le seul jeu de la conscience, je transforme en règle de vie ce qui était invitation à la mort – et je refuse le suicide. » (CAMUS A., *Le Mythe de Sisyphe*, Paris, Gallimard, coll. « Folio essais », 1942, p. 89) Caligula, après sa prise de conscience, repousse les limites de sa liberté. En voulant rendre possible ce qui est impossible, il expérimente sa liberté en se donnant un rôle de dieu, qui contrôle le destin des hommes à sa guise. Puisque la justice des dieux est cruelle, immorale et illogique, il en fait de même. Il expérimente donc la révolte en abandonnant l'idéal de justice et en détruisant toutes les valeurs, comme la religion, l'art et l'amour.

Camus reprend donc assez fidèlement la biographie de Caligula rédigée par Suétone (sa fuite de Rome lorsqu'il apprend la mort de Drusilla, son désir de posséder la lune, son déguisement de Vénus et, finalement, sa mort) tout en s'en écartant. Il a d'ailleurs autant atténué la laideur physique de l'empereur, que Suétone décrivait comme une chèvre, que la cruauté de ses actes. Le Caligula historique aurait en effet fait assassiner ou bannir la plupart de ses proches, se serait adonné au meurtre et à la torture, et aurait ridiculisé les sénateurs en prostituant leurs épouses. Le Caligula camusien, s'il fait tuer des hommes de façon arbitraire et commet lui-même un meurtre, engendre moins de victimes et semble bien plus torturé que sanguinaire.

Camus s'écarte également du Caligula historique pour faire de son personnage un héros de l'absurde. En effet, l'auteur avait écrit, au début des premières ébauches de sa pièce que le décor n'avait pas d'importance : « Tout est permis, sauf le genre romain. » (*Œuvres complètes* I *: 1931-1944*, p. 389) Il voulait donc s'éloigner de toute atmosphère antique et arracher le personnage à son contexte historique. Camus rajoute aussi dans une note : « En dehors des "fantaisies" de Caligula, rien ici n'est historique. Ses mots sont authentiques, leur exploitation ne l'est pas. » (*ibid.*, p. 390) Il s'inspire donc des actions et des paroles de l'empereur, mais leur donne une nouvelle signification afin d'adapter le mythe à sa philosophie et de l'actualiser.

Camus modernise d'ailleurs sa pièce en accentuant la portée politique du règne de Caligula : à travers ce personnage cruel et injuste, l'auteur dénonce le totalitarisme. La pièce est, en effet, sortie en 1944 : l'auteur a donc vécu l'Occupation. L'expérience du nazisme a inspiré Camus qui a fait de l'empereur antique un tyran fasciste, un dictateur. Les scènes politiques témoignent notamment de cette influence, comme lorsque Caligula impose ses nouveaux projets, lors du banquet, et tue sans raison un patricien à la fin du repas. Il incarne, par là même, l'arbitraire du pouvoir. Le théâtre à l'époque était, bien entendu, soumis à la censure, puisqu'il devait promouvoir l'idéologie nazie, et toute œuvre appelant à la résistance était sévèrement condamnée. Camus a cependant réussi à passer entre les filets de la censure en recouvrant son message politique du voile antique.

UNE PIÈCE DE L'ABSURDE

Caligula fait partie du cycle de l'absurde, publié par Camus entre 1942 et 1944, et comprenant *Le Mythe de Sisyphe*, *L'Étranger* et *Le Malentendu*. L'absurde est un sentiment éprouvé par l'homme lorsqu'il prend conscience que son existence n'est que la répétition machinale d'actes privés de sens. Il en éprouve alors une lassitude teintée d'écœurement. La certitude que la mort nous attend au bout du chemin ne fait que renforcer, selon Camus, le sentiment de l'inutilité de notre existence.

C'est précisément à ce sentiment de l'absurde que se trouve confronté le protagoniste de la pièce. La mort de sa sœur et maitresse lui révèle que « les hommes meurent et ne sont pas heureux » (p. 27), et la facilité avec laquelle il mettra ses sujets à mort découlera de ce constat initial : de toute façon, les hommes ne sont, par essence, que des « condamnés à mort », des « condamnés d'avance » (p. 42). Et loin de conférer plus de prix à l'existence humaine, ce fait la prive au contraire de toute substance.

Caligula en conçoit une angoisse insoutenable : « Voir se dissiper le sens de cette vie, disparaître notre raison d'exister, voilà ce qui est insupportable, dit-il. On ne peut vivre sans raison. » (p. 51) De ce constant naitra la volonté d'une révolte contre le monde, tout en ayant conscience que celle-ci ne donnera pas pour autant un sens à son existence, puisque « les vivants ne suffisent pas à peupler l'univers et à chasser l'ennui » (p. 142).

Si le constat d'échec que tire Caligula à la fin de la pièce ne fait qu'entériner l'idée selon laquelle la révolte est de toute façon désespérée, il semble aussi préfigurer une évolution dans la pensée de Camus. En commettant des actes qui desservent l'humanité, Caligula a enfreint l'un des principes qui doit, selon l'écrivain, limiter la conduite humaine. Sa révolte contre l'absurde consiste à nier les hommes, en exerçant son pouvoir de manière injuste, violente et arbitraire. Or l'homme ne peut se révolter seul : il lui faut faire appel aux autres hommes. Autrement dit, ses actes ne doivent pas causer du tort à l'humanité. Camus, à travers l'exemple négatif de Caligula, pose les jalons de son humanisme qui apparaitra clairement dans *Les Justes* (1950) ou dans *L'Homme révolté* (1951) : selon lui, il faut se tourner vers les hommes, et non chercher à les détruire.

L'EXPÉRIENCE DE LA LIBERTÉ ET DE LA RÉVOLTE

La liberté

Le sentiment de l'absurde confère à Caligula une liberté nouvelle dès lors qu'il prend conscience que sa condition est sans espoir. De fait, le personnage sait désormais que toutes les valeurs qui le guidaient jusqu'alors n'étaient que des préjugés, des illusions. « Libéré [...] du souvenir et de l'illusion » (p. 147) et fort du pouvoir dont il dispose, il va « donne[r] ses chances à l'impossible » (p. 36). Caligula proclame que « la liberté n'a plus de frontières » (*ibid.*), mais cette déclaration sonne plutôt comme un avertissement, car « avec [la liberté] commence une grande épreuve » (p. 38).

De fait, les Romains feront cruellement l'expérience de la liberté de Caligula, qui n'a finalement « pas tellement de façons de prouver qu'[il est] libre, [car] on est toujours libre aux dépens de quelqu'un » (p. 66). C'est que l'empereur fait coïncider sa liberté avec une complète absence d'interdits et que, guidé par « cette logique implacable qui broie des vies humaines » (p. 148), il s'autorise des mises à mort arbitraires. Pourtant, la liberté devrait, selon Camus, s'exercer avec des limites, c'est-à-dire être conciliée avec l'exigence de justice, et donc d'humanisme. Caligula constate d'ailleurs, à la fin de la pièce, que « [s]a liberté n'est pas la bonne » (p. 149) et accepte le prix à payer pour les actes qu'il a commis.

La révolte

Selon Camus, la révolte est l'expression la plus pure de la liberté. Sans elle, l'homme n'est pas conscient qu'il est libre. Ainsi, dans sa pièce, Caligula expérimente sa liberté par une révolte rageuse. Il représente le « révolté métaphysique » que l'auteur décrira plus tard dans son essai *L'Homme révolté*.

Tout comme l'homme révolté, Caligula se révolte au départ contre la mort de Drusilla et, plus généralement, contre la condamnation à mort de tous les hommes. Il se dresse donc lui aussi contre l'injustice faite à l'humanité, la « peine de mort généralisée ». Il tente alors de détruire toutes les valeurs : l'art (représenté notamment par Cherea, qu'il rabaisse), la religion (lorsqu'il se déguise en Vénus grotesque), l'amour (lorsqu'il étrangle Cæsonia) et, enfin, la vie elle-même (lorsqu'il fait assassiner les citoyens, mais aussi lorsqu'il se condamne lui-même en ne faisant rien pour arrêter le complot qui se prépare contre lui). Il affirme ensuite de nouvelles valeurs : l'absurdité de la condition humaine et la liberté. C'est pourquoi Caligula veut provoquer les patriciens et leur ouvrir les yeux, afin qu'eux aussi prennent conscience de l'horreur de leur condition et se révoltent contre lui. Ce faisant, eux aussi réfléchiraient sur l'existence et pourraient être libres en se révoltant. Bien qu'il veuille aider les hommes, il les considère comme privés de connaissances (alors que lui-même sait ce dont il parle).

Caligula semble donc, au départ, incarner la révolte que Camus évoquera plus tard dans son cycle de la révolte. Pourtant, on s'aperçoit rapidement qu'il en fait en réalité ressortir les limites. En effet, dans la pièce, l'empereur n'expérimente pas une bonne liberté car il fait l'erreur, en voulant se révolter contre sa condition, de nier les hommes. Il détruit tout autour de lui et, pensant se libérer, fait de sa révolte une « mécanique meurtrière et démesurée » (p. 376). Sa liberté n'est pas la bonne car, au lieu de s'unir avec les hommes, comme Camus le montre dans L'Homme révolté, il se retourne contre eux : la révolte individuelle est donc vouée à l'échec. Selon Camus, « Caligula consent à mourir pour avoir compris qu'aucun être ne peut se sauver tout seul et qu'on ne peut être libre contre les autres hommes » (*Œuvres complètes*, p. 447.) Il concentre donc déjà dans sa pièce ce qui fera l'objet de *L'Homme révolté* mais aussi de tout son cycle sur la révolte.

LE RÈGNE DE L'ILLUSION

« Tout, autour de moi, est mensonge », constate Caligula après sa prise de conscience (p. 27). En effet, les différents personnages incarnent les illusions les plus courantes de l'humanité :

- Drusilla incarne l'amour ;
- Cæsonia et Hélicon, la fidélité ;
- Scipion père, l'amitié ;
- Cherea, la littérature qui « donne de l'importance aux êtres et aux choses » (p. 37) ;
- l'art, et l'image trompeuse du monde qui le sous-tend : le jeune Scipion fils ;
- les patriciens, les valeurs bourgeoises telles que la morale, la famille, le respect du travail, la patrie ou encore la vertu (p. 53).

Avec le cynisme qui le caractérise, Cherea explique le règne de l'illusion par l'incapacité des hommes à affronter l'effrayante liberté que confère le sentiment de l'absurde :

> « La plupart des hommes sont comme moi, déclare-t-il. Ils sont incapables de vivre dans un univers où la pensée la plus bizarre peut en une seconde entrer dans la réalité. » (p. 108)

Ils préfèrent ignorer l'absurde et vivre leur vie confortable sans réfléchir. Ils sont, comme le dit Caligula à plusieurs reprises, lâches. À l'inverse, Caligula découvre la vérité en se confrontant à l'absurdité de l'existence et démonte alors toutes ces illusions grâce à sa liberté. Même s'il fait erreur en se laissant emporter par une révolte rageuse et destructrice au lieu d'une révolte unificatrice, Caligula parvient toutefois à révéler une terrible vérité et à détruire toutes les illusions humaines. Il s'impose comme un tyran afin de mettre à nu les aberrations de tous ses sujets. C'est un personnage « pur dans le mal » (p. 81), dont la grandeur est telle que la pièce est toujours représentée au théâtre de nos jours.

PISTES DE RÉFLEXION

QUELQUES QUESTIONS POUR APPROFONDIR SA RÉFLEXION…

- Pourquoi, selon vous, le mythe de Caligula a-t-il inspiré à Camus sa pièce ?
- En quoi l'absurde est-il à la base de l'entreprise de Caligula ?
- Lorsque Caligula demande à Hélicon de l'aider à décrocher la lune, à quoi fait-il véritablement allusion ?
- Caligula dit au jeune Scipion qu'ils « aim[ent] les mêmes vérités » (p. 80). En quoi peut-on considérer ces deux personnages comme les deux facettes d'une même attitude face au monde ?
- À quoi Caligula fait-il allusion lorsqu'il reproche à la poésie du jeune Scipion de « manque[r] de sang » (p. 81) ?
- Pourquoi, selon vous, Caligula étrangle-t-il Cæsonia à la fin de la pièce ?
- Pensez-vous que le personnage de Cherea soit à assimiler au groupe des patriciens, comme le considère Hélicon, ou pensez-vous qu'il en soit vraiment distinct, comme il se le figure lui-même ?
- Comment imaginez-vous l'espace scénique de cette pièce ? Justifiez vos propositions.
- À travers cette pièce, Camus a ébauché la peinture du fonctionnement d'une société totalitaire. Repérez-en les traces.
- En quoi peut-on parler, avec *Caligula*, de théâtre intellectuel ?

Votre avis nous intéresse !
Laissez un commentaire sur le site de votre librairie en ligne
et partagez vos coups de cœur sur les réseaux sociaux !

POUR ALLER PLUS LOIN

ÉDITION DE RÉFÉRENCE

- CAMUS A., *Caligula*, suivi de *Le Malentendu*, Paris, Gallimard, coll. « Folio », 1972.

ÉTUDES DE RÉFÉRENCE

- BASTIEN S., *Caligula et Camus. Interférences transhistoriques*, Amsterdam/New York, Rodopi, 2006.
- BASTIEN S., « La fabrique de Caligula », in *Synergies-Inde*, n° 5, 2010, p. 105-114.
- CAMUS A., « *Caligula*. Version de 1941 », in *Œuvres complètes* I : *1931-1944*, Paris, Gallimard, coll. « Bibliothèque de la Pléiade », 2006.
- CAMUS A., *Le Mythe de Sisyphe*, Paris, Gallimard, coll. « Folio essais », 1942.
- CAMUS A., *L'Homme révolté*, Paris, Gallimard, 1951.
- LÉVI-VALENSI J., « Camus Albert », in *Encyclopædia Universalis*, consulté le 16 décembre 2016, http://www.universalis.fr/encyclopedie/albert-camus/

SUR LEPETITLITTÉRAIRE.FR

- Commentaire de lecture portant sur l'acte II des *Justes* d'Albert Camus.
- Commentaire de lecture portant sur l'épilogue de *La Peste* d'Albert Camus.
- Commentaire de lecture portant sur l'excipit de *L'Étranger* d'Albert Camus.

- Commentaire de lecture portant sur l'incipit de *L'Étranger*.
- Commentaire de lecture portant sur l'incipit de *La Peste*.
- Commentaire de lecture portant sur le meurtre de l'arabe dans *L'Étranger*.
- Fiche de lecture sur *La Chute* d'Albert Camus.
- Fiche de lecture sur *La Peste*.
- Fiche de lecture sur *L'Étranger*.
- Fiche de lecture sur *Le Mythe de Sisyphe* d'Albert Camus.
- Fiche de lecture sur *Le Premier Homme* d'Albert Camus.
- Fiche de lecture sur *Les Justes*.
- Questionnaire de lecture portant sur *L'Étranger*.
- Questionnaire de lecture portant sur *La Peste*.
- Questionnaire de lecture portant sur *Les Justes*.

Retrouvez notre offre complète sur lePetitLittéraire.fr

- des fiches de lectures
- des commentaires littéraires
- des questionnaires de lecture
- des résumés

ANOUILH
- Antigone

AUSTEN
- Orgueil et Préjugés

BALZAC
- Eugénie Grandet
- Le Père Goriot
- Illusions perdues

BARJAVEL
- La Nuit des temps

BEAUMARCHAIS
- Le Mariage de Figaro

BECKETT
- En attendant Godot

BRETON
- Nadja

CAMUS
- La Peste
- Les Justes
- L'Étranger

CARRÈRE
- Limonov

CÉLINE
- Voyage au bout de la nuit

CERVANTÈS
- Don Quichotte de la Manche

CHATEAUBRIAND
- Mémoires d'outre-tombe

CHODERLOS DE LACLOS
- Les Liaisons dangereuses

CHRÉTIEN DE TROYES
- Yvain ou le Chevalier au lion

CHRISTIE
- Dix Petits Nègres

CLAUDEL
- La Petite Fille de Monsieur Linh
- Le Rapport de Brodeck

COELHO
- L'Alchimiste

CONAN DOYLE
- Le Chien des Baskerville

DAI SIJIE
- Balzac et la Petite Tailleuse chinoise

DE GAULLE
- Mémoires de guerre III. Le Salut. 1944-1946

DE VIGAN
- No et moi

DICKER
- La Vérité sur l'affaire Harry Quebert

DIDEROT
- Supplément au Voyage de Bougainville

DUMAS
- Les Trois
  Mousquetaires

ÉNARD
- Parlez-leur
  de batailles,
  de rois et
  d'éléphants

FERRARI
- Le Sermon sur la
  chute de Rome

FLAUBERT
- Madame Bovary

FRANK
- Journal
  d'Anne Frank

FRED VARGAS
- Pars vite et
  reviens tard

GARY
- La Vie devant soi

GAUDÉ
- La Mort du
  roi Tsongor
- Le Soleil des
  Scorta

GAUTIER
- La Morte
  amoureuse
- Le Capitaine
  Fracasse

GAVALDA
- 35 kilos d'espoir

GIDE
- Les
  Faux-Monnayeurs

GIONO
- Le Grand
  Troupeau
- Le Hussard
  sur le toit

GIRAUDOUX
- La guerre de
  Troie
  n'aura pas lieu

GOLDING
- Sa Majesté des
  Mouches

GRIMBERT
- Un secret

HEMINGWAY
- Le Vieil Homme
  et la Mer

HESSEL
- Indignez-vous !

HOMÈRE
- L'Odyssée

HUGO
- Le Dernier Jour
  d'un condamné
- Les Misérables
- Notre-Dame
  de Paris

HUXLEY
- Le Meilleur
  des mondes

IONESCO
- Rhinocéros
- La Cantatrice
  chauve

JARY
- Ubu roi

JENNI
- L'Art français
  de la guerre

JOFFO
- Un sac de billes

KAFKA
- La Métamorphose

KEROUAC
- Sur la route

KESSEL
- Le Lion

LARSSON
- Millenium I. Les
  hommes qui
  n'aimaient pas
  les femmes

LE CLÉZIO
- Mondo

LEVI
- Si c'est un
  homme

LEVY
- Et si c'était vrai…

MAALOUF
- Léon l'Africain

MALRAUX
- La Condition
  humaine

MARIVAUX
- La Double
  Inconstance
- Le Jeu de l'amour
  et du hasard

MARTINEZ
- Du domaine
  des murmures

MAUPASSANT
- Boule de suif
- Le Horla
- Une vie

MAURIAC
- Le Nœud
  de vipères

MAURIAC
- Le Sagouin

MÉRIMÉE
- Tamango
- Colomba

MERLE
- La mort est
  mon métier

MOLIÈRE
- Le Misanthrope
- L'Avare
- Le Bourgeois
  gentilhomme

MONTAIGNE
- Essais

MORPURGO
- Le Roi Arthur

MUSSET
- Lorenzaccio

MUSSO
- Que serais-je
  sans toi ?

NOTHOMB
- Stupeur et
  Tremblements

ORWELL
- La Ferme
  des animaux
- 1984

PAGNOL
- La Gloire de
  mon père

PANCOL
- Les Yeux jaunes
  des crocodiles

PASCAL
- Pensées

PENNAC
- Au bonheur
  des ogres

POE
- La Chute de la
  maison Usher

PROUST
- Du côté de
  chez Swann

QUENEAU
- Zazie dans
  le métro

QUIGNARD
- Tous les matins
  du monde

RABELAIS
- Gargantua

RACINE
- Andromaque
- Britannicus
- Phèdre

ROUSSEAU
- Confessions

ROSTAND
- Cyrano de
  Bergerac

ROWLING
- Harry Potter à
  l'école des sor-
  ciers

SAINT-EXUPÉRY
- Le Petit Prince
- Vol de nuit

SARTRE
- Huis clos
- La Nausée
- Les Mouches

SCHLINK
- Le Liseur

SCHMITT
- La Part de l'autre
- Oscar et la
  Dame rose

SEPULVEDA
- Le Vieux qui
  lisait des romans
  d'amour

SHAKESPEARE
- Roméo et Juliette

SIMENON
- Le Chien jaune

STEEMAN
- L'Assassin
  habite au 21

STEINBECK
- Des souris et
  des hommes

STENDHAL
- Le Rouge et
  le Noir

STEVENSON
- L'Île au trésor

SÜSKIND
- Le Parfum

TOLSTOÏ
- Anna Karénine

TOURNIER
- Vendredi ou
  la Vie sauvage

TOUSSAINT
- Fuir

UHLMAN
- L'Ami retrouvé

VERNE
- Le Tour
  du monde
  en 80 jours
- Vingt mille
  lieues sous
  les mers
- Voyage au
  centre de
  la terre

VIAN
- L'Écume des jours

VOLTAIRE
- Candide

WELLS
- La Guerre des
  mondes

YOURCENAR
- Mémoires
  d'Hadrien

ZOLA
- Au bonheur
  des dames
- L'Assommoir
- Germinal

ZWEIG
- Le Joueur
  d'échecs

ISBN version numérique : 978-2-80629-273-5
ISBN version papier : 978-2-8062-9274-2
Dépôt légal : D/2016/12603/966

Avec la collaboration de Pauline Coullet pour la présentation de l'auteur, le résumé ainsi que pour les chapitres « La source historique » et « La révolte ».

Conception numérique : Primento,
le partenaire numérique des éditeurs.

Ce titre a été réalisé avec le soutien de la Fédération Wallonie-Bruxelles, Service général des Lettres et du Livre.